"Our Humanity@Work"

Utiliser la méthode des 7Cs – les 7 capacités humaines –
pour apprendre, comprendre et transformer

UNE NOUVELLE VISION DU COACHING, DE LA SUPERVISION DU
COACHING et de la REFLEXION

Manuel de pratique réflexive et journal, par Elaine Patterson
Traduit par Feryal Hassaïne

Je suis heureuse d'avoir travaillé avec Feryal, fondatrice de Nova Terra Coaching, à Bruxelles. Le fruit de notre collaboration est la transmission de ce journal de réflexions et exercices, au monde francophone.

Lorsque Feryal m'a fait la proposition de prendre en charge la traduction de mon journal, je m'en suis vue honorée. Elle a rapidement su concillier l'optique novatrice subtilement proposée, ainsi que les outils traditionnels déjà à disposition dans la pratique.

La traduction fut un travail agréable malgré la difficulté à trouver un équivalent viable et précis au mot « Care », dans un souci de maintenir la continuité de l'utilisation des 7C. Le mot « care » fut donc traduit par « soin ».

Pour plus amples informations, n'hésitez pas à contacter Feryal et son équipe via les coordonnées suivantes.

Email: feryal@novaterracoaching.com

Phone: +32 2 374 80 84

Nous espérons vous lire, vous entendre ou vous voir au plus vite.

Chaleureusement,
Elaine Patterson du Centre de Réflexion et Créativité Ltd.

Bienvenue dans notre programme *"Our Humanity@Work"*
Utiliser la méthode des 7Cs – les 7 capacités humaines – pour apprendre, comprendre et transformer.
Une nouvelle vision du Coaching, de la Supervision du Coaching et de la Réflexion.

Ce manuel a été conçu tel une porte d'entrée vers la méthode des 7Cs, vers un enseignement complémentaire à votre pratique qui vous invitera à la réflexion et vous permettra de vous approprier votre savoir, vos réflexions, vos nouvelles connaissances. Il vous apportera également des bases solides qui vous permettront d'envisager les prochaines étapes en toute sérénité.

- *Section 1:* Vue d'ensemble
- *Section 2:* Les origines de la méthode des 7Cs
- *Section 3:* Définition de la méthode des 7Cs
- *Section 4:* Appliquer la méthode des 7Cs
- *Section 5:* Une grille d'auto-évaluation
- *Section 6:* La méthode des 7Cs à l'œuvre
- *Section 7:* Références, resources supplémentaires et lectures

Un jeu de cartes a également été conçu pour accompagner le manuel. Vous pouvez l'obtenir en m'envoyant un courriel.

Je suis impatiente de recevoir vos retours si vous décidez d'appliquer les 7Cs dans votre vie et dans votre travail. Envoyez-moi un courriel à l'adresse elaine@ep-ec.com pour me faire part de vos réflexions, et de vos propositions d'amélioration.

Dans l'attente de vos nouvelles.

La vie est un long voyage entre l'Homme et l'être humain,
qui exige de nous que nous franchissions au moins une étape chaque jour.

Wordion

Section 1
Vue d'ensemble

Section 1
Vue d'ensemble

J'ai créé la méthode des 7Cs pour proposer une nouvelle vision du Coaching, de la Supervision et de la Réflexion basée sur mes travaux de recherche ainsi que sur ce que mes clients et moi-même avons mis en lumière, ces dernières années[1].

La méthode des 7Cs est une vision neuve du Coaching, de la Supervision, et de la Réflexion qui vient compléter les modèles et processus existants. L'invitation est également à la transcendance des outils à notre disposition, d'explorer notre génie commun et à faire preuve d'humanité pour atteindre un niveau supérieur de connaissances et de changements durables.

La méthode des 7Cs peut accompagner nos relations avec nos clients, tout en nous guidant vers un épanouissement personnel et professionnel. COMMENT nous travaillons éclaire QUI nous sommes.

J'ai progressivement constaté que les compétences, les modèles et l'expérience, aussi importants soient-ils, ne sont qu'une étape vers une efficacité accrue de nos interactions de ce contexte d'économie mondialisée à la fois imprévisible et volatile.

D'un autre côté, j'ai développé une fascination pour la manière dont les praticiens puisent dans leur humanité et font appel à notre condition humaine collective pour accueillir l'autre. Ce discernement nécessaire démontre une créativité, une soif d'apprentissage et de transformation, entités grâce auxquelles nous pouvons devenir des modèles pour nos clients. Cette méthode de travail fait une grande différence dans la manière dont nous sommes perçus par nos clients. Ce nuancement des perspectives est clé. Nous sommes tous des travaux en cours de réalisation, moi également!

A ce propos, je partage les écrits de John Naisbitt[2]:

> Les percées les plus passionnantes du XXIe siècle ne se produiront pas par le biais de progrès technologiques, mais grâce à l'expansion de la notion de ce que signifie être humain.

Section 2
Les Origines de la Méthode des 7Cs

Section 2
Les Origines de la Méthode des 7Cs

J'ai eu la révélation de cette nouvelle approche lors d'une randonnée vers le Lake District à l'été 2017.

Les origines de cette méthode remontent à l'écriture de mon nouveau livre *Reflect to Create! The Dance of Reflection for Creative Leadership and Professional Practice*, aujourd'hui disponible[3].

Lors de mes recherches, je suis partie du postulat que la réflexion est un acte créatif en soi. J'ai découvert que la réflexion est le processus d'apprentissage qui fait émerger la nouveauté dans le monde (une nouvelle idée, un nouveau concept, un nouvel état d'esprit, une nouvelle offre, un nouveau produit ou une nouvelle manière d'être, de nouer des relations ou de travailler). Parallèlement, j'ai constaté que les carnets de bord des compétences – bien qu'indispensables – avaient cessé de m'inspirer. Je ressentais également les aspects naturels et innés de la créativité en tant qu'être humain.

Sur mon chemin est survenue la question suivante: quelles sont les autres qualités qui ont, à mes yeux, la même importance? C'est à cet instant que m'est venue l'idée des 7C, pour Soin, Courage, Curiosité, Compassion, Connexion, Créativité et Contemplation. Ces aptitudes me sont parues comme des fondations essentielles et solides à ma pratique et les responsabilités quotidiennes de la vie. Ceci sous-entendait également qu'en cas d'absence de ces entités essentielles, ma personne et mon travail seraient dénués de substance et richesse.

Dès lors, j'ai eu l'occasion de tester cette approche chaque fois que je perdais ma niaque, que je me sentais coincée ou que j'avais besoin d'inspiration pour aider mes clients à renouer avec leur propre intelligence innée. J'ai aussi découvert que la méthode des 7Cs était complémentaire à mes autres outils et ce de manière surprenante et inattendue.

La beauté des 7Cs réside dans le fait qu'elle renvoie entièrement à des qualités humaines innées, porteuses de compassion. Elles sont donc naturellement à notre disposition, à tout moment, pour autant que nous les activions. Elles offrent aussi une optique à utiliser pour explorer notre IDENTITE actuelle et future, ainsi que la MANIÈRE dont notre transformation s'opère, dans nos relations et dans notre travail. Les 7Cs peuvent rendre notre pratique plus efficace et accompagner notre épanouissement personnel et professionnel. Les 7Cs nous placent à l'intersection de notre humanité partagée pour nous enrichir et approfondir notre travail.

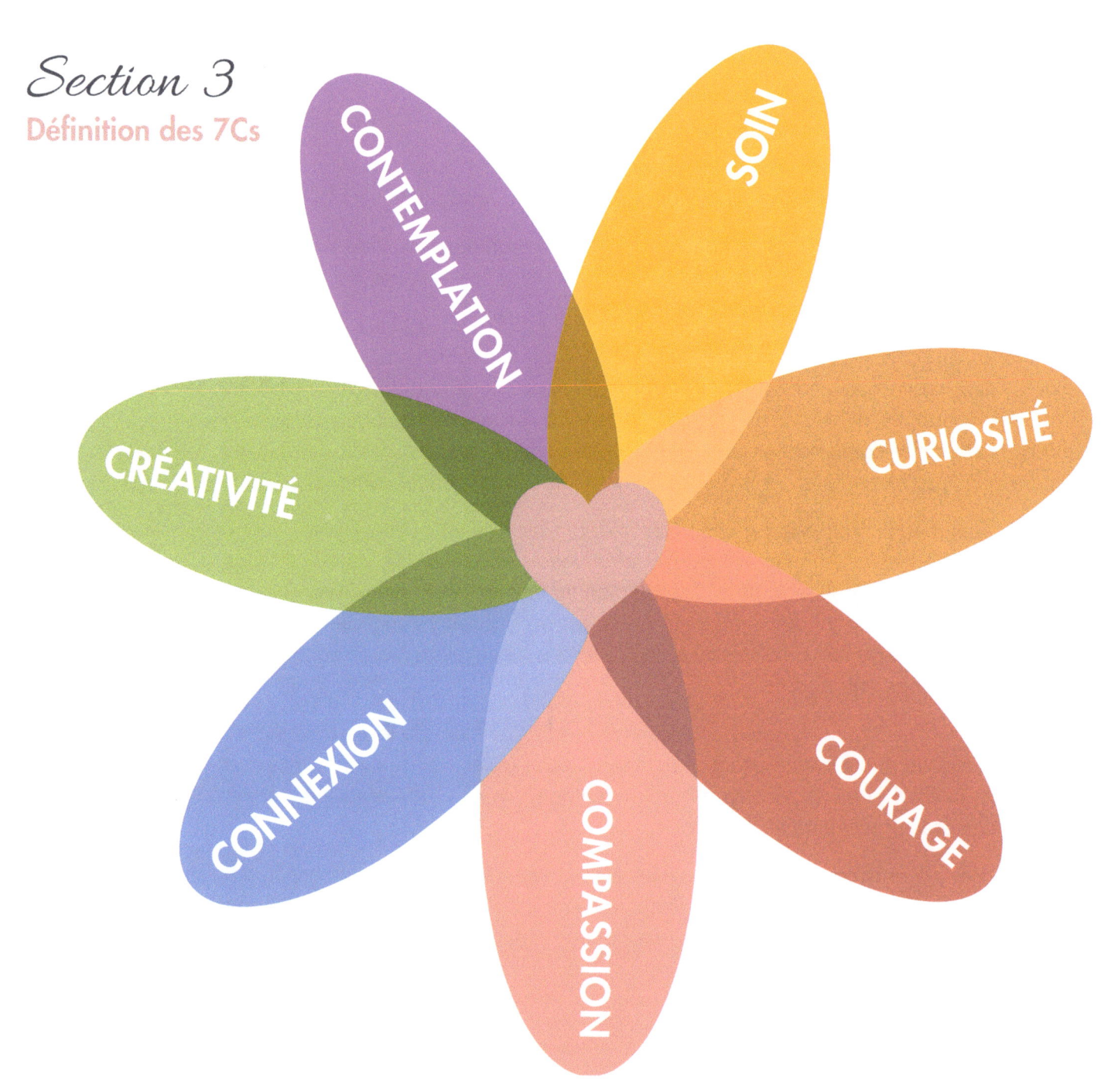

Section 3
Définition des 7Cs

Les 7Cs sont nos 7 aptitudes ou qualités humaines **de Soin**, **de Courage**, **de Curiosité**, **de Compassion**, **de Connexion**, **de Créativité** et **de Contemplation**. Pourquoi les a-t-on choisies?

- **Le Soin** est au cœur de notre nature humaine. Les personnes et les choses qui comptent pour nous et la manière dont nous en prenons soin nous définissent.
- **Le Courage** est la capacité du cœur à exprimer sa vérité et à être courageux, audacieux, vulnérable et sage.
- **La Curiosité** et notre appétence naturelle pour l'interrogation nous permettent d'étoffer notre savoir.
- **La Compassion** nous aide à voir l'interdépendance entre toutes les formes de vie, à nous connecter aux émotions de l'autre, tout en restant centrés et reliés à notre véritable identité.
- **La Connexion** nous aide à voir l'essence la plus profonde de la vie dans sa globalité – de ce « tout » auquel nous appartenons.
- **La Créativité** nous aide à rompre avec les anciens modes de pensée, de relation et de perception en construisant de nouvelles approches de vie.
- **La Contemplation** nous donne le temps de nous centrer sur nous-mêmes, de nous écouter penser et ressentir.

Chaque qualité sera décrite et définie de manière plus approfondie et sera accompagnée de quelques questions essentielles pour donner vie à chaque qualité. Nous entamerons notre voyage dans l'acceptation de notre propre humanité et de notre vulnérabilité.

Notre travail collectif est une mission d'exploration: comment donner vie à davantage de ces qualités, pour vous, pour vos équipes et pour votre travail? En tenant un journal tout au long de votre traversée des 7 capacités, vous serez en mesure de vous emparer de vos réflexions et de vos questionnements les plus profonds. Vous trouverez une grille d'auto-évaluation réflexive à la fin de cette section pour vous aider à repérer les capacités et qualités que vous souhaiteriez inviter dans votre vie.

Section 4
Appliquer la méthode des 7Cs

LE SOIN

Aptitude 1
Le Soin

Définition

Le Soin est au cœur de notre être et au cœur de notre humanité, aux antipodes de la passion, surfaite et temporaire. Les choses et les personnes qui comptent pour nous et la manière dont nous en prenons soin nous définissent.

S'occuper de l'autre, des enjeux, des thématiques et des décisions, voilà l'expression fondamentale de notre finalité profonde. Elle représente nos valeurs et notre intégrité à l'œuvre et définit la manière dont les autres nous perçoivent. La bienveillance donne le ton d'un leadership et d'une pratique professionnelle authentiques, éthiques et compatissants. Tout travail est question de relations. La confiance se mérite. Elle ne va pas de soi. Comme Ken Cashman l'écrit[4]:

Le Leadership – et la pratique professionnelle – n'est pas seulement une de nos actions. Il vient de l'intérieur de nous... et c'est un processus, une expression intime de notre identité. Il s'agit de notre être à l'œuvre.

Quelques pistes de questionnements

Si l'on veut analyser cette capacité à l'œuvre chez vous ou chez vos clients, quelques questions se posent.

- Qu'est-ce qui compte vraiment et fondamentalement pour vous?
- Pourquoi avoir choisi une fonction de leadership ou de praticien?
- Est-ce que cela compte suffisamment pour vous? • Cette décision est-elle éthique?
- Dans quelle mesure êtes-vous ouvert au «soin»? Sur une échelle de 0 à 10 où le 0 signifie «pas du tout» et le 10 «pleinement impliqué(e) tout le temps ou ponctuellement», où vous situez-vous?

Vos considérations

LA CURIOSITÉ

Aptitude 2
La Curiosité

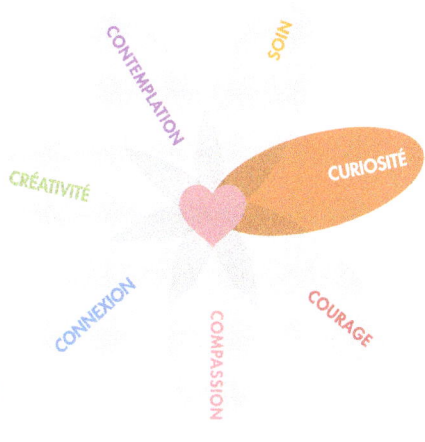

Définition

L'appétence naturelle pour la curiosité est le moteur des interrogations, des questionnements et des apprentissages. La curiosité permet aux leaders et aux praticiens de l'humain de rester ouverts et réceptifs. Le cerveau humain adore les questions. La curiosité nous maintient en éveil et nous signale les éventuels angles morts. Elle fuit la complaisance, remet en cause le statu quo et stimule la créativité et l'innovation.

Les questionnements induits par la curiosité nous mettent à la pointe de notre apprentissage, défiant le domaine du connu, de la présomption et fait de nous des experts de l'exploration vers de nouvelles possibilités, perspectives et potentialités, susceptibles de ressentir, et d'analyser ce qui veut et doit émerger. Comme Albert Einstein l'écrit[5]:

> L'important est de ne jamais cesser de poser des questions. Ne perdez jamais une sainte curiosité. On ne peut s'empêcher d'être impressionné quand on contemple les mystères de l'éternité de la vie, de la merveilleuse structure de la réalité.

Quelques pistes de questionnements

Si l'on veut analyser cette capacité à l'œuvre chez vous ou chez vos clients, quelques questions se posent.

- Qu'est-ce qui attise votre curiosité?
- A quand remonte la dernière fois où vous avez été réellement surpris ou vous avez découvert quelque chose de nouveau?
- Où se situent vos blocages ou vos angles morts?
- Quels sont les éléments émergents?
- Qui peut vous donner des retours honnêtes?
- Dans quelle mesure êtes-vous curieux ou curieuse? Sur une échelle de 0 à 10 où 0 signifie pas du tout et 10 curieux-se tout le temps ou ponctuellement, où vous situez-vous?

Vos considérations

LE COURAGE

Aptitude 3
Le Courage

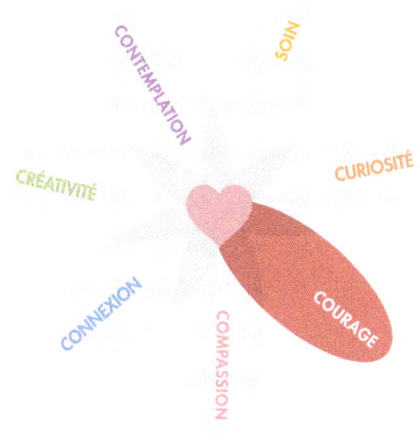

Définition

Le mot "courage" vient de "cœur". Le courage, c'est l'intelligence du cœur qui pousse à être audacieux et intrépide face aux actions qu'il est judicieux de mener. Le courage nous permet d'aller de l'avant, dans la prise de conscience de nos vulnérabilités, de nos peurs et de nos risques. Un leader courageux anticipe l'avenir et agit en conséquence, il ne craindra ni le progrès, ni les épreuves, et n'aura pas peur d'appendre. Comme le dit Coco Chanel[6]:

> L'acte le plus courageux consiste à penser par vous-mêmes...à haute voix.

Quelques pistes de questionnement

Si l'on veut analyser cette capacité à l'œuvre chez vous ou chez vos clients, quelques questions se posent.

- Que suis-je appelé(e) à faire?
- Pourquoi suis-je ici?
- Qu'est-ce que je veux vraiment créer dans ma vie?
- A quel point êtes-vous courageux(-se)? Sur une échelle de 0 à 10 où 0 signifie pas du tout et 10 signifie courageux(-se) tout le temps ou ponctuellement, où vous situez-vous?

Vos considérations

LA COMPASSION

Aptitude 4
La Compassion

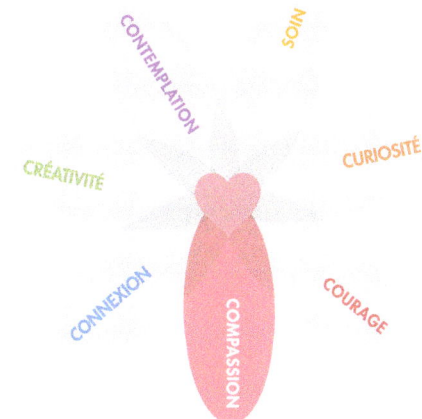

Définition

La compassion est la capacité à se connecter à soi-même, aux autres et à notre humanité partagée, avec bienveillance. La compassion va au-delà de l'empathie. C'est la capacité d'être avec l'autre, de se connecter à ses émotions sans cesser d'être centré sur soi-même et de rester connecté à soi-même. La compassion est la conscience de l'interdépendance des choses. Les personnes existent en relation les unes avec les autres. La compassion permet d'accueillir avec bienveillance tout ce qui nous rend pleinement humains : les failles, les joies, les pertes et les célébrations, qui accompagnent le quotidien. Par auto-compassion, on entend la capacité d'accorder ce don à notre propre personne. En 1624, le poète John Donne écrivait[7]:

> Aucun homme n'est une île, un tout, complet en soi ; tout homme est un fragment du continent, une partie de l'ensemble ; si la mer emporte une motte de terre, l'Europe en est amoindrie, comme si les flots avaient emporté un promontoire, le manoir de tes amis ou le tien ; la mort de tout homme me diminue, parce que j'appartiens au genre humain ; aussi n'envoie jamais demander pour qui sonne le glas : c'est pour toi qu'il sonne.

Quelques pistes de questionnement

Si l'on veut analyser cette capacité à l'œuvre chez vous ou chez vos clients, quelques questions se posent:

- Comment faites-vous preuve de compassion envers les autres?
- Comment faites-vous preuve de compassion envers vous-même?
- Dans quelle mesure acceptez-vous vos propres failles et celles des autres? Comment se manifestent-elles dans votre travail?
- Comment, qui et que jugez-vous?
- Par quoi avez-vous été le plus touché(e) aujourd'hui?
- Dans quelle mesure êtes-vous compatissant(e)? Dans quelle mesure êtes-vous compatissant(e) avec vous-même? Sur une échelle de 0 à 10 où 0 signifie pas du tout et 10 signifie compatissante et auto-compatissant(e) tout le temps ou ponctuellement, où vous situez-vous?

Vos considérations

LA CONNEXION

Aptitude 5
La Connexion

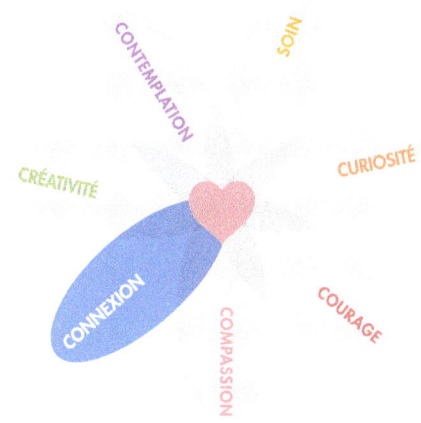

Definition

La connexion est la capacité à voir l'interdépendance profonde et universelle parmi toutes les formes de vie et entre toutes les formes de vie. C'est également la capacité à apprécier et à valoriser notre relation intime avec tous les êtres vivants en transcendant les dimensions du passé, du présent et du futur.

La connexion nous offre une perspective, une finalité plus vaste et un sentiment accru d'appartenance au monde et au travail; sans oublier la conscience de l'impact de nos actions sur les autres et sur la planète. Comme Albert Einstein l'écrit[8]:

> Un être humain est une partie du tout que nous appelons « Univers ». Une partie limitée dans le Temps et dans l'Espace. Il s'expérimente lui-même, ses pensées et ses émotions comme quelque chose qui est séparé du reste, une sorte d'illusion d'optique de la conscience. Cette illusion est une sorte de prison pour nous, nous restreignant à nos désirs personnels et à l'affection de quelques personnes près de nous. Notre tâche doit être de nous libérer nous-mêmes de cette prison en étendant notre cercle de compassion pour embrasser toutes les créatures vivantes et la nature entière dans sa beauté.

Quelques pistes de questionnement

Si l'on veut analyser cette capacité à l'œuvre chez vous ou chez vos clients, quelques questions se posent:

- Quand, comment et pourquoi avez-vous dernièrement ressenti un lien profond avec quelqu'un ou quelque chose?
- Comment avez-vous vécu ce lien?
- Que s'est-il passé?
- Comment votre point de vue a-t-il changé?
- Dans quelle mesure vous êtes-vous senti connecté(e)? Sur une échelle de 0 à 10 où 0 signifie pas du tout et 10 signifie connecté(e) tout le temps ou ponctuellement, où vous situez-vous?

Vos considérations

LA CRÉATIVITÉ

Aptitude 6
La Créativité

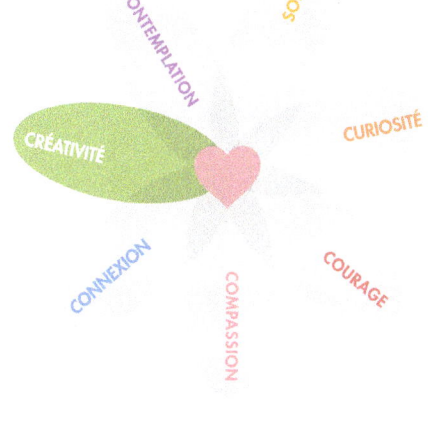

Définition

La créativité est la capacité de rompre avec les modèles anciens et avec les schémas traditionnels de comportement, de vision, de relation, d'apprentissage et de travail pour en créer de nouveaux. C'est l'aptitude à faire naître de la nouveauté dans le monde – que ce soit un nouveau produit, une idée neuve, une nouvelle perspective ou méthode de travail – dans le respect profond des efforts passés, des étapes qui ont accompagné l'individu ou l'équipe vers leurs nouvelles solutions créatives.

Comme dit George Lois, directeur artistique américain[9]:

> La créativité peut résoudre n'importe quel problème. L'acte créatif, l'échec des habitudes face à l'originalité, surmonte tout.

La créativité fleurit là où existent un moment et un lieu pour que le soin, la curiosité, le courage, la compassion, la connexion et la contemplation fusionnent et exercent leur talent.

Quelques pistes de questionnement

Si l'on veut analyser cette capacité à l'œuvre chez vous ou chez vos clients, quelques questions se posent.

- Quelles sont vos sources d'inspirations?
- Quels sont les germes du futur dans l'ici et le maintenant?
- Comment insuffler plus de clarté et de gaieté dans votre travail pour permettre à votre créativité de s'épanouir?
- Quelle est l'étendue de votre créativité? Sur une échelle de 0 à 10 où 0 signifie pas du tout et 10 signifie créatif(-ve) tout le temps ou ponctuellement, où vous situez-vous?

Vos considérations

LA CONTEMPLATION

Aptitude 7
La Contemplation

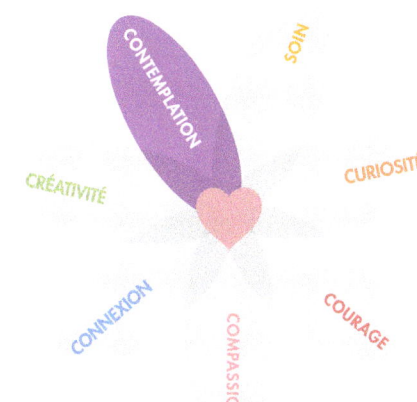

Définition

La contemplation, c'est fuir l'effervescence, la précipitation et le bruissement incessant du quotidien et se mettre en accord avec nous-mêmes, rester en notre compagnie et nous écouter penser.

La contemplation, c'est la capacité de nous écouter pleinement, de se plonger dans les problématiques pour les affronter réellement, en étant convaincus qu'au fil du temps – et avec le temps – notre sagesse et notre savoir intérieur vont se manifester. Il s'agit de la capacité à être pleinement et consciemment dans le moment présent. Elle calme l'égo et apaise notre esprit stratégique pour le mettre à l'écoute des autres intelligences, parfois plus silencieuses, de la sensibilité, de la compassion et du physique. Comme l'écrit Parker J Palmer[10]:

L'âme est comme un animal sauvage...à la fois robuste, résiliente et inventive, perspicace et autonome...mais également timide...elle ne sort que lorsqu'il n'y a pas de danger...

Quelques pistes de questionnement

Si l'on veut analyser cette capacité à l'œuvre chez vous ou chez vos clients, quelques questions se posent.

- Est-ce que je me donne suffisamment de temps et d'espace pour pouvoir me mettre en accord avec moi-même?
- Comment est-ce que je m'écoute penser?
- A quoi est-ce que je m'accroche et que devrais-je abandonner pour porter un regard neuf sur le monde?
- Dans quelle mesure êtes-vous comtemplatif(-ve) et réfléchi(e), songeur(-euse)? Sur une échelle de 0 à 10 où 0 signifie pas du tout et 10 signifie contemplatif(-ve) et réfléchi(e), songeur(-euse) tout le temps ou ponctuellement, où vous situez-vous?

Vos considérations

Section 5
Grille d'auto-évaluation

Section 5
Grille d'auto-évaluation

Vous pouvez utiliser le graphique ci-dessous, seul ou avec vos clients, afin d'identifier les schémas sous-jacents et les limites du développement. Ces éléments pourront ensuite alimenter vos conversations personnelles et professionnelles.

Vos considérations

Section 6
Les 7C à l'œuvre

Section 6
Les 7Cs à l'œuvre

Voici quelques partages de quelques-uns de nos clients adeptes de la méthode des 7Cs.

Motivant et pratique. Un outil de réflexion très utile admirablement partagé par l'auteur.

Article de l'année de Coaching@Work 2019 – réactions du panel

Il s'agit d'une excellente façon d'envisager la pratique réflective, avec fraîcheur et dans un processus mûrement réfléchi. Chaque C nous ouvre un nouveau territoire à explorer. Elaine Patterson est une guide qualifiée et compétente; ce processus original et efficace est le compagnon idéal des leaders, des superviseurs et des coachs désireux de rester ouverts, concentrés sur l'objectif, d'améliorer leurs compétences professionnelles et de travailler avec notre humanité partagée.

Edna Murdoch, Fondatrice et directrice de la Coaching Supervision Academy Ltd.

Les 7Cs sont un prisme global qui recadre notre manière de travailler avec notre humanité partagée, en commençant par soi-même. Les 7Cs, c'est la musique de fond que je peux écouter si nécessaire dans ma pratique du coaching et du leadership.

Paul Tran, Associé auprès de l'INSEAD Business School

En début d'année, je travaillais avec un groupe de coachs expérimentés qui voulaient développer leur pratique et jouer des rôles plus visibles au sein des bureaux régionaux. Alors que nous avions passé un temps considérable à développer leurs compétences de coach, un déclic s'est fait lorsque nous avons commencé à réfléchir aux 7 aptitudes et à leur intérêt lorsqu'il s'agit non plus de faire le coach, mais d'être un coach. Les participants, chacun à leur tour, se sont placés devant chaque pétale pour expliquer comment le C correspondant se manifestait dans leur pratique. Les 7Cs ont conduit à un questionnement sur la manière dont elles se manifestent dans le travail, dont elles s'influencent mutuellement et dont elles mettent en avant leurs forces et les aspects à améliorer. Elles leur ont également donné le vocabulaire nécessaire pour porter un regard neuf sur leurs relations avec leurs clients.

Karyn Prentice, Fletcher Prentice Associates

C'est extraordinaire de constater que les 7 capacités humaines forment un collier de pierres précieuses, uniques et en parfaite harmonie. J'ai été transformée par chacune de mes immersions dans ce collier! J'ai également utilisé les 7Cs dans mon rôle de directeur de coach, aussi bien lors de séances individuelles que collectives. J'ai également appliqué la méthode lors d'une conférence réunissant une centaine de coachs, de superviseurs et de leaders, organisée à Bahia, au Brésil, sur le thème d'une écoute active dans le leadership et l'auto-leadership. Dans ce cadre, les 7Cs ont permis d'approfondir les développements et d'élargir les domaines d'écoute pour un meilleur synchronisme des capacités du "nous" en tant qu'ensemble, à se connecter, à créer et à élargir les nouvelles possibilités de transformation vers un meilleur tout.

Clenir Streit, International Coaching and Consulting, Rio Grande do Sul, Brésil

Les 7C étant pleinement humaines, elles transmettent la douceur de leurs intentions et toute la puissance de leur influence. Utiliser ce nouveau prisme pour cartographier notre observation du coaching et de la supervision du coaching donne grâce et gravité aux discussions. La beauté des 7Cs réside dans leur apparente simplicité. En tant que praticienne, je les considère comme des piliers sur lesquels je peux reposer mon compas interne et, pour mes clients, j'estime qu'elles jettent les bases d'un véritable leadership. Plus concrètement, que ce soit en séance ou au moment de l'analyse, j'utilise les 7Cs comme un tableau de bord pour me positionner en tant que professionnelle, dans ma relation avec le client, pour le client, et pour la structure dans lequel il opère.

Edith Coron PCC-ICF, CSA Supervisor, France

Voilà un an déjà que j'utilise les cartes des 7Cs d'Elaine Patterson. J'y vois une source de motivation particulièrement utile, tant dans ma pratique de coaching que pour mes clients. Dans l'objectif d'auto-supervision, elles m'aident à me recentrer sur le plus important à un instant précis et à évacuer les éventuels problèmes que je peux rencontrer avec mes clients. L'attraction suscitée par une carte spécifique lorsque je réfléchis à une situation donnée m'aide à repérer le processus parallèle ou les angles morts. Dans le cadre d'un coaching individuel, je les utilise de différentes manières. J'aime l'idée de pouvoir les sortir, lorsque cela s'avère nécessaire pour mes clients. Cela se produit toujours à des moments différents ou pour diverses raisons. Par exemple, je termine la séance en demandant à mon client quelle carte refléterait au mieux les choses apprises lors de la séance, quelle carte l'a aidé à mieux se recentrer. Je citerai également l'exemple de ce client à qui j'ai demandé de penser au membre de son équipe qui lui causait du souci et de choisir les cartes susceptibles de refléter au mieux sa relation avec cette personne. Il a ainsi pu comprendre l'origine du problème, les raisons du blocage et, ensuite, la meilleure solution pour mieux travailler avec cette personne.

Caroline Hercz, CEO and Executive Coach at Human Place, Paris

A ce jour, j'ai utilisé cette méthode avec 5 clients et de manières totalement différentes. Le succès a chaque fois été au rendez-vous, tant pour les clients qui souhaitaient résoudre un problème particulier (par exemple, quel C pourrait nous aider? Quel C pourrait être utilisé en complément?...) que pour ceux qui n'avaient pas réellement de problèmes, mais qui souhaitaient renouveler leurs objectifs. En plaçant chaque pétale sur la table, on encourage le client à les déplacer, à en choisir l'un ou l'autre, et à créer des liens entre eux; ainsi se greffe à l'outil un aspect kinesthésique. Je pense qu'en disposant sur la table les jolis pétales colorés avant d'inviter le client à entrer, on crée une atmosphère accueillante qui éveille sa curiosité. Cela ne manque jamais d'attirer son attention! En général, j'adore! Merci beaucoup de partager ces cartes avec moi, avec nous tous au sein de Trust. Elles correspondent parfaitement à nos valeurs en tant qu'organisation et je suis convaincue que c'est un modèle qui sera utilisé pendant de nombreuses années encore!

Hannah Datema, Coaching and Mentoring Development Manager,
NHS London Teaching Trust

Section 7
Références, Ressources supplémentaires et lectures

Section 7
Références, Ressources supplémentaires et lectures

Références

[1] Patterson, E. (2015) *'What are leaders' experiences of reflection?'* What leaders and leadership developers need to know from the findings of an exploratory research study, Reflective Practice, Volume 16 Number 5, pp 636-651 [Internet] http://dx.doi.org/10.1080/14623943.2015.1064386

[2] Naisbitt, J. quoted in Laloux, F. (2014) *Reinventing Organizations: A Guide to Creating Organizations Inspired by the Next Stage in Human Consciousness.* Pp 43. Belgium, Nelson Parker

[3] Patterson, E. (2019) *Reflect to Create! The Dance of Reflection for Creative Leadership, Professional Practice and Supervision.* London, The Centre for Reflection and Creativity Ltd.

[4] Cashman, K. (2008) *Leadership from the Inside Out; Becoming a Leader for Life.* Pp 22. San Francisco, Berrett-Koehler Publishers Inc.

[5] Einstein, A. (1955) "Old Man's Advice to Youth: 'Never Lose a Holy Curiosity.'" Pp64 LIFE Magazine

[6] Karbo, K (2009) *The Gospel According to Coco Chanel: Life Lessons from the World's Most Elegant Woman.* London, Skirt

[7] Donne, J. (1624) "Devotions upon Emergent Occasions", Meditation XVII. From *The Works of John Donne.* vol III. Henry Alford, ed. London: John W. Parker, 1839. 574-5

[8] Calaprice, A. (2005) *The New Quotable Einstein.* Pp 206. USA, Princeton University Press

[9] Christensen, T. (2015) *The Creativity Challenge.* Pp 5. Avon, Adams Media

[10] Palmer, P. (2008) *A Hidden Wholeness: The Journey Toward An Undivided Life.* Pp 58. San Francisco, John Wiley and Sons, Inc.

Further Resources and Reading

Capacité 1: Le Soin

Brown, J. with Issacs, D. (2005) *The World Café – Shaping our Futures through Conversations that Matter.* San Francisco, Berrett-Koehler Publishers

Dalai Lama and van den Muyzenberg, L. (2008) *The Leaders Way.* London, Nicholas Brealey Publishing

Dalai Lama (2011) *A Profound Mind – Cultivating Wisdom in Everyday Life.* London, Hodder & Stoughton

Giono, J. (1995) *The Man Who Planted Tress.* Massachusetts, Shambhala Publications Ltd.

Goleman, D. (2013) Focus: *The Hidden Driver of Excellence.* London, Bloomsbury Publishing Plc.

Greenleaf, R. K. (2002) *Servant Leadership – A Journey into the Nature of Legitimate Power and Greatness.* 3rd ed. New Jersey, Paulist Press Ltd.

Huffington, A. (2014) *Thrive The Third Metric to Redefining Success and Creating and Happier Life.* USA, Harmony Books

Hutchins, G. (2012) *The Nature of Business – Redesigning Business for Resilience.* Devon, Green Books Ltd.

Hutchins, G. (2016) *Future Fit.* Self published

Laloux, F. (2014) *Reinventing Organizations: A Guide to Creating Organizations Inspired by the Next Stage in Human Consciousness.* Belgium, Nelson Parker

O'Neill, M. (2000) *Executive Coaching with Backbone and Heart.* Chichester, John Wiley & Son

Pellicer, L., O., (2008) *Caring Enough to Lead: How Reflective practice Leads to Moral Leadership.* 3rd ed. Thousand Oaks, SAGE Publications

Szpakowski, S. (2010) *Little Book of Practice for Authentic Leadership in Action.* Canada, the ALIA Institute

Steare, R. (2011) *Ethicability® (n) How to Decide What's Right and Find the Courage to Do It.* UK: Roger Steare Consulting Ltd.

Capacité 2: La Curiosité

Kline, N. (1999) *Time to Think: Listening to Ignite the Human Mind.* London, Ward Lock

Palmer, P. J. (2000) *Let Your Life Speak – Listening for the Voice of Vocation.* San Francisco, Jossey-Bass

Palmer, P.J. (1990) *The Active Life – A Spirituality of Work, Creativity and Caring.* San Francisco, Jossey-Bass

Richo, D. (2017) *The Five Longings: What We Have Always Wanted and Already Have – A Guide to Love, Meaning, Freedom, Happiness and Growth.* Colorado, Shambhala Publications Ltd

Shohet, R. Ed. (2011) *Supervision as Transformation – A Passion for Learning.* London, Jessica Kingsley Publishers

Whyte, D. (2001) *Crossing the Unknown Sea: Work as a Pilgrimage of Identity.* New York, Riverhead Books

Whyte, D. (1994) *The Heart Aroused Poetry and the Preservation of the Soul in the Workplace.* New York, Random House

Capacité 3: Le Courage

Brown, B. (2010) *The Gifts of Imperfection: Let Go of Who You Think You're Supposed to Be and Embrace Who You Are. Your Guide to Wholehearted Living.* Minnesota, Hazelden

Brown, B. (2012) *Daring Greatly How the Courage to Be Vulnerable Transforms the Way We Live, Love, Parent and Lead.* Penguin Group, London

Chodron, P. (2016) *When Things Fall Apart Heart Advice for Difficult Times.* Boulder, Shambhala

Capacité 4: La Compassion

Chodron, P. (1994) *Start With Where You Are: How to Accept Yourself and Others.* London, HarperCollins Publishers

Chodron, P. (2001) *Start Where You Are: A Guide to Compassionate Living.* USA, Shambhala Publications

Fredrickson, B. (2014) *Love 2:0.* New York, Penguin

Germer, G. (2009) *The Mindful Path to Self Compassion.* New York, The Guildford Press

Lewis, T., Amini, F. & Lannon, R. (2001) *A General Theory of Love.* New York, Random House

Neff, K. (2011) *Self Compassion Stop Beating Yourself Up and Leave Insecurity Behind.* Hodder and Stoughton Ltd, London

Salzberg, Sh. (2002) *Loving Kindness – The Revolutionary Art of Happiness.* Massachusetts, Shambhala Publications

Capacité 5: La Connexion

Buber, M. (1958) *I and Thou.* New York, The Scribner Library.

Carr, N. (2010) *The Shallows – How the Internet is Changing the Way We Think, Read and Remember.* New York, W.W. Norton & Company Inc.

de Haan, E. (2008) *Relational Coaching.* Chichester, John Wiley.

Hutchins, G. (2014) *The Illusion of Separation – Exploring the Cause of our Current Crisis.* Edinburgh, Floris Books.

Jaworski, J. (2011) *Synchronicity – The Inner Path to Leadership.* San Francisco, Berrett-Koehler Publishers.

Kline, N. (1999) *Time to Think: Listening to Ignite the Human Mind.* London, Ward Lock

McTaggart, L. (2001) *The Field.* London, HarperCollins Publishers

Parlett, M. (2015) *Future Sense – Five Explorations of Whole Intelligence for a World That's Waking Up.* Leicestershire, Matador Books

Rozenthuler, S. (2012) *Life-Changing Conversations – 7 Strategies for Talking About What Matters Most.* London, Watkins Publishing

Scharmer, O. & Kaufer, K. (2013) *Leading from the Emerging Future: From Ego-System to Eco-System Economies: Applying Theory U to Transforming Business, Society, and Self.* San Francisco, Berrett-Koehler Publishers, Inc.

Senge, P., Scharmer, O., Jaworski, J., and Flowers, B. S. (2005) *Presence – Exploring Profound Change in People, Organisations and Society.* London, Nicholas Brealey Publishing

Siegel, D. (2010) *Mindsight: Transform your Brain with the New Science of Kindness.* London, Oneworld Publications

Siegel, D. (2015) *The Developing Mind – How Relationships and the Brain Interact to Shape Who we Are.* New York, Guildford Press

Turkle, S. (2015) *Reclaiming Conversation – The Power of Talk in a Digital Age.* New York, Penguin Press

Wolinsky, S. (1993) *Quantum Consciousness: The Guide to Experiencing Quantum Psychology.* Canada, Bramble Books

Zohar, D. and Marsall, I. (2000) *Spiritual Intelligence: The Ultimate Intelligence.* London, Bloomsbury Publishing Plc

Capacité 6: La Créativité

Bohm, D. (1996) *On Creativity.* Oxon, Routledge

Cameron, J. (1994) *The Artists Way – A Course in Discovering and Recovering Your Creative Self.* London, Pan Books

Cameron, J. (1996) *The Vein of Gold – A Journey to Your Creative Heart.* USA, Tarcher/Putman

Cameron, J. (2016) *It's Never Too Late to Begin Again – Discovering Creativity and Meaning at Midlife and Beyond.* New York, TarcherPerigree

Christensen, T. (2015) *The Creativity Challenge.* MA, Adams Media

Fox, M. (2002) *Creativity – Where the Divine and Human Meet.* New York, Tarcher/Putman Books

Gilbert, E. (2015) *Big Magic – Creative Living Beyond Fear.* London, Bloomsbury Publishing

Gompertz, W. (2015) *Think Like An Artist… and Lead a More Creative, Productive Life.* UK, Penguin Random House

Judkins, R. (2015) *The Art of Creative Thinking.* London, Hodder & Stoughton Ltd

May, R. (1975) *The Courage to Create.* New York, W.W. Norton & Company

Osho (1999) *Creativity: Unleashing the Forces Within.* New York, Osho International Foundation

Penman, D. (2015) *Mindfulness for Creativity. Adapt, Create and Thrive in a Frantic World.* London, Piatkus

Udall, N. (2014) *Riding the Creative Rollercoaster: How Leaders Evoke Creativity, Productivity and Innovation.* London, Kogan Page

Udall, N. and Turner, N. (2008) *The Way of Nowhere – 8 Questions to Release Our Creative Potential.* London, HarperCollins Publishers

Ulrich, D. (2002) *The Widening Stream – The Seven Stages of Creativity.* Pp ix. Oregan, Beyond Words Publishing Inc

Design by Kelly Alderdice at 2Ten Graphic Design / Editing by Emma Dickens

Capacité 7: La Contemplation

Brown, J. (2006) *Reflective Practices for Transformational Leaders.* futureAge May/June 2006

Brown, J. (2008) *A Leader's Guide to Reflective Practice.* USA, Trafford Publishing

Frankl, V. (1959) *Man's Search for Meaning – The Classic Tribute to Hope in the Holocaust.* London, Rider

Gendlin, E. (1978) *Focusing.* New York, Bantam Dell

Gilligan, S. and Dilts, R. (2009) *The Hero's Journey: A Voyage of Self Discovery.* Carmarthen, Crown House Publishing Ltd

Harris, M. (2017) *Solitude – In Pursuit of a Singular Life in a Crowded World.* London, Random House Books

Hillman, J. (1996) *The Souls Code: In Search of Character and Calling.* New York, Grand Central Publishing

Intrator, S. & Scribner, M. (2007) *Leading from Within – Poetry That Sustains the Courage to Lead.* San Francisco, Jossey-Bass

Kabat-Zinn, J. (1994) *Where You Go, There You Are – Mindfulness Meditation for Everyday Life.* London, Little, Brown Book Group

Kabat-Zinn, J. (2005) *Coming to our Senses.* New York, Hyperion Press

O'Donahue, J. (2008) *To Bless the Space Between Us: A Book of Blessings.* USA, Sounds True Inc

O'Donohue, J. (1998) *Anam Cara: A Book of Celtic Wisdom.* New York, Harper Perennial

Whyte, D. (2015) *Consolations: The Solace, Nourishment and Underlying Meaning of Everyday Words.* Langley, Many Rivers Press

La sauvegarde de notre monde humain n'est nulle part ailleurs que dans le cœur humain, la pensée humaine, la responsabilité humaine

Vaclav Havel

"Our Humanity@Work", tes 7Cs pour Apprendre, Comprendre et Transformer, est un nouveau prisme de réflexion qui permet d'insuffler de la bienveillance dans les pratiques de Coaching, de Supervision de coaching et de Réflexion, dans le monde souvent rude et complexe qui est le nôtre.

Le présent manuel invite le lecteur à effleurer, à découvrir et à explorer – pour lui-même et avec ses clients – la richesse qu'apportent nos qualités humaines innées de Soin, de Curiosité, de Courage, de Compassion, de Connexion, de Créativité et de Contemplation, pour une transformation humaine et professionnelle bienveillante.

Elaine Patterson est Coach et Superviseuse de coach, partenaire de la Pensée réflexive et écrivaine de renommée internationale. Elle travaille pour le Centre for Reflection and Creativity Ltd. Elle est l'auteure de *Reflect to Create! The Dance of Reflection for Creative Leadership, Professional Practice and Supervision*. Elle veut offrir la force créative de la réflexion – et de l'apprentissage réflexif – à un public international composé de leaders et de professionnels, afin d'opérer une transformation humaine, d'affiner leur travail et d'insuffler du renouveau dans leur mode de vie par ces temps agités. Elaine fut honorée lorsque Feryal Hassaïne, fondatrice de l'école de coaching Nova Terra, à Bruxelles, s'est proposée de traduire son journal de réflexion et d'exercices, et ainsi contribuer à le transmettre au monde francophone.

Il s'agit d'une excellente façon d'envisager la pratique réflective, avec fraîcheur et dans un processus mûrement réfléchi. Chaque C nous ouvre un nouveau territoire à explorer. Elaine Patterson est une guide qualifiée et compétente ; ce processus original et efficace est le compagnon idéal des leaders, des superviseurs et des coachs désireux de rester ouverts, concentrés sur l'objectif, d'améliorer leurs compétences professionnelles et de travailler avec notre humanité partagée.

Edna Murdoch, fondatrice et directrice de la Coaching Supervision Academy Ltd.

Les 7Cs ouvrent la voie vers une relation plus riche et plus profonde avec notre identité au travail. Le présent manuel ne s'arrête pas aux seules compétences mais aide les praticiens, ainsi que leurs clients, à discuter efficacement de ce qui est possible et transformateur.

Karyn Prentice, Fletcher Prentice Associates

Les 7 capacités humaines forment un collier de pierres précieuses, uniques et en parfaite harmonie. J'ai été transformée par chacune de mes immersions dans ce collier!

Clenir Streit, International Coaching et Consulting, Rio Grande do Sul, Brésil

www.ingramcontent.com/pod-product-compliance
Lightning Source LLC
Chambersburg PA
CBHW051254110526
44588CB00026B/2992